글쓴이 라파엘 프리에

수첩, 공책, 메모지를 가리지 않고 항상 글을 쓰는 라파엘 프리에는 아동 문학, 책을 읽는 맛, 이야기와 말, 그림을 전하는 즐거움으로 일상을 채웁니다. 심리학과 교육학을 공부한 다음에 선생님이 되었고, 2009년에 어린이 독자를 위한 그림책과 소설을 쓰기 시작했습니다. 책이란 약속이 가득 찬 세상이라는 믿음을 가지고 글을 쓰고 있습니다. 우리나라에 소개된 책으로는 『마틴과 로자』가 있습니다.

그린이 오렐리아 프롱티

좋아하는 여행이야말로 창작의 가장 큰 원천이 된다는 오렐리아 프롱티는 섬유 디자인을 전공하고 명품 브랜드의 디자이너로 일했습니다. 졸업 작품이 책으로 나오면서 아동 일러스트레이션에 관심을 갖게 되었습니다. 디자이너 출신답게 원단 모티프를 연상시키는 디자인과 화려한 컬러를 사용합니다. 아크릴과 파스텔로 주로 작업하며 화가로 활동하기도 합니다. 우리나라에 소개된 책으로는 『달님을 구하러 간 영희 공주』, 『왕가리 마타이』, 『나는 아이로서 누릴 권리가 있어요!』 등이 있습니다.

옮긴이 권지현

고등학교를 졸업할 무렵부터 번역가의 꿈을 키웠습니다. 그래서 서울과 파리에서 번역을 전문으로 가르치는 학교에 다녔고, 학교를 졸업한 뒤에는 번역을 하면서 번역가가 되고 싶은 학생들을 가르치고 있습니다. 귀여운 조카들을 생각하며 외국 어린이책을 우리말로 옮기는 데 큰 즐거움을 느낀답니다. 그동안 옮긴 책으로는 『아나톨의 작은 냄비』, 『그녀를 위해서라면 브로콜리라도 먹겠어요!』, 『세상을 뒤집어 봐!』, 『어느 날 길에서 작은 선을 주웠어요』, 『별이 빛나는 크리스마스』, 『수다쟁이 물고기』, 『뉴욕 코끼리』, 『레몬트리의 정원』 등이 있습니다.

말랄라 여자아이도 학교에 갈 권리가 있어요!

1판 1쇄 발행 2016년 11월 15일 1판 4쇄 발행 2020년 10월 30일 글쓴이 라파엘 프리에 그린이 오렐리아 프롱티 옮긴이 권지현
펴낸이 남영하 편집 장미연 이신아 디자인 박규리 마케팅 김영호
펴낸곳 ㈜씨드북 등록 번호 제2012-000402호 주소 03149 서울시 종로구 인사동7길 33 남도빌딩 3F 전화 02) 739-1666 팩스 0303) 0947-4884
홈페이지 www.seedbook.co.kr 전자우편 seedbook009@naver.com 인스타그램 instagram.com/seedbook_publisher
ISBN 979-11-6051-008-9 (77860) 세트 979-11-6051-023-2

MALALA by Raphaëlle FRIER and Aurélia FRONTY
Copyright © Les Editions RUE DU MONDE, Paris, 2015
Korean Translation Copyright © SEEDBOOK Co. Ltd., 2016
All Rights Reserved
This Korean edition was published by arrangement with Les Editions RUE DU MONDE(Paris)
through Hannèle Legras(Paris) and Bestun Korea Agency Co., Seoul

이 책의 한국어판 저작권은 베스툰 코리아 에이전시를 통해 저작권자와의 독점계약으로 ㈜씨드북에 있습니다.
저작권법에 의하여 한국 내에서 보호를 받는 저작물이므로 무단전재와 무단복제를 금합니다.

이 도서의 국립중앙도서관 출판예정도서목록(CIP)은 서지정보유통지원시스템 홈페이지(http://seoji.nl.go.kr)와
국가자료공동목록시스템(http://www.nl.go.kr/kolisnet)에서 이용하실 수 있습니다. (CIP제어번호: CIP2016024273)

제조국명: 대한민국 | **사용연령**: 6세 이상
KC마크는 이 제품이 공통안전기준에 적합하였음을 의미합니다.
종이에 베이지 않게 주의하세요.

• 책값은 뒤표지에 있어요. • 잘못 만들어진 책은 구입하신 서점에서 바꾸어 드려요. • 씨드북은 독자들을 생각하며 책을 만들어요.

말랄라

여자아이도 학교에 갈 권리가 있어요!

라파엘 프리에 글 오렐리아 프롱티 그림 권지현 옮김

씨드북

파키스탄의 스와트 계곡에는 밍고라라는 도시가 있어요.
그곳에 쿠샬 학교를 세운 지아우딘과
그의 아내 토르 페카이가 살고 있었지요.
학교 앞 허름한 집이 두 사람의 보금자리였어요.

1997년의 어느 한여름 밤, 작은 소녀가 세상에 태어났어요.
지아우딘과 토르 페카이의 첫 딸이었지요.
"친구들! 사내아이는 아니지만 내 딸아이에게도
사탕과 호두, 동전을 던져 주게.
아이 이름은 말랄라라네!"

지아우딘은 자신이 속한 민족인 파슈툰 족을 사랑했지만,
파슈툰 족의 전통 중에는 못마땅한 것도 있었어요.

말랄라는 책에 둘러싸여 자랐어요.
얼마 지나지 않아 남동생도 태어났지요.
동생의 이름은 학교 이름을 따서
쿠샬이라고 지었어요.

말랄라와 쿠샬은 수업이 끝나면 교실에서 뛰어다니며 놀거나
동네 아이들과 숨바꼭질을 했어요.
옥상에 올라가 크리켓도 하고 하늘의 별따기 놀이도 했지요.
어느 날 쿠샬이 물었어요.
"누나, 천국은 어떻게 생겼어?"
"밍고라처럼 생겼지."
쿠샬은 만년설로 뒤덮인 일람 산 밑에 펼쳐진 도시를 바라보며 생각에 잠겼어요.

말랄라는 할아버지가 사는 일람 산의 마을도 좋아했어요.
일람 산은 물이 깨끗하고, 호두와 달콤한 꿀이 많이 나요.
겨울이면 마을 아이들이 눈으로 곰을 만들며 놀곤 하지요.

하지만 말랄라는 마을에서 들리는 소문을 싫어했어요.
어린 소녀 칼릴라가 늙은이에게 팔려 갔다는 소문이었지요.
산에 사는 파슈툰 족은 아직도 여자는 집에서 갇혀 지내야 하고
남자의 말에 복종해야 한다고 믿어요.
여자들은 글을 쓸 줄도 읽을 줄도 몰라요.
말랄라의 엄마도 그랬지요.

말랄라는 몰래 지붕 위에 올라가
시끌벅적한 거리의 소리, 수다스러운 새 소리를 듣는 걸 좋아했어요.
친구들과 차를 마시며 정치에 대해 토론하는 아빠의 말소리도 듣기 좋았지요.
아빠와 친구들은 가끔 목소리를 높였어요.
"탈레반이 학교에 또 불을 질렀다는군.
그들은 코란을 가르치는 마드라사만 인정한다고."
"두고 봐! 그 광신도 놈들 때문에
우리도 아프가니스탄처럼 미군의 폭격을 맞을 테니!"

어느 날, 아빠는 지붕 위의 말랄라를 보았어요.
아빠는 웃으며 말랄라를 무릎에 앉혔지요.
"네 엄마가 좋아하는 파슈툰 족의 시를 들어 볼래?"

정원의 비둘기를 죽이지 말아요.
한 마리를 죽이면
비둘기들은 영영 그곳을 떠날 테니까요.

얼마 뒤, 말랄라 아빠는 걱정이 생겼어요.
탈레반 우두머리인 파즐울라가 협박했기 때문이에요.
"그놈이 우리 학교를 닫아 버리려고 해!"
그런데 또 다른 불행이 닥쳤어요.
2005년 10월 8일에 스와트 계곡에 지진이 일어난 거예요.
산에 있던 마을들은 모두 폐허가 되었어요.

파즐울라는 사람들의 고통을 이용했어요.
라디오에 나가서 똑같은 말을 되풀이했지요.
"지진이 일어난 건 너희가 죄를 지었기 때문이야.
이제부터 음악도 듣지 말고 영화도 보지 마!
그러면 모든 게 다 잘될 거야."

아빠는 사람들의 어리석음과 증오심을 보고 절망했어요.
아빠도 이슬람교를 믿었지만,
삶과 자유를 억누르려고 종교를 이용하는 것에는 반대했지요.

하지만 파즐울라의 말이 사실이면 어떻게 하지요? 주민들은 두려움에 떨었어요.
텔레비전, 컴퓨터, 시디를 불에 던져 태우는 사람들도 있었어요.
"그것만으로는 부족해!" 탈레반은 멈추지 않았어요.
미용실 가는 것과 춤도 금지되었고, 남자는 면도도 하지 못하게 되었어요.
탈레반은 여자에게 부르카를 두르라고 강요했어요.
부르카로 머리끝에서 발끝까지 몸을 가리면 감옥에 갇히는 기분이에요.
밍고라의 거리에서는 더 이상 여성의 얼굴과 몸을 볼 수 없게 되었지요.

탈레반은 마을을 돌며 말을 듣지 않는 사람들을 잡아서 가두거나
사람들이 보는 앞에서 매를 때렸어요. 저항하면 죽이기도 했지요.
지아우딘도 겁이 났지만 자신의 생각을 표현했어요.
말랄라가 텔레비전에 출연해서 탈레반 앞에서 증언하는 것도 반대하지 않았지요.
"탈레반은 왜 교육 받을 수 있는 권리를 빼앗나요?" 열두 살의 말랄라는 소리 높여 물었어요.

사실 탈레반은 새로운 금지령을 내렸어요.
2009년 1월 15일부터 여자아이들은
더 이상 학교에 갈 수 없다고요.

'나는 의사가 꿈인데, 학교에 못 가면 어떻게 의사가 되지?'
말랄라는 절망했어요.
'무엇을 해야 할까? 어떻게 해야 할까?
나의 말과 글이 탈레반의 기관총을 이길 수 있다면?'
며칠 뒤, 말랄라는 영국 공영 텔레비전 방송국 BBC의 인터넷 사이트에 '굴 마카이'라는 이름으로 글을 올리기 시작했어요.

파키스탄 초등학생의 일기

날짜: 2009년 1월 3일 토요일
제목: 나는 무서워요

어젯밤, 헬리콥터와 탈레반이 나오는
무서운 꿈을 꿨어요.

하지만 말랄라가 올린 글은
탈레반이 파키스탄 북부 지역을 더 많이 차지하는 걸 막지 못했어요.
그들이 더 사나워지는 것도 막지 못했고요.

"밍고라에서 탈레반을 몰아내겠습니다."
마침내 파키스탄 정부가 나섰어요.
탱크와 무기가 스와트 계곡에 도착했지요.
전쟁이 벌어졌어요. 많은 주민들이 밍고라를 떠났지요.
말랄라도 가족과 함께 할아버지와 할머니가 계신
마을로 피난을 가야 했어요.
그리고 석 달 뒤, 폐허가 된 밍고라로 돌아왔지요.

모든 어린이가 교육을 받을 수 있도록 학교를 다시 세워야 했어요.
"쓰레기장에서 일하는 아이도 학교에 갈 권리가 있어요!"
말랄라는 스와트 주의 어린이 의회 의장이 되었어요.
이제 가난한 사람들을 도울 수 있으리라고 생각했어요.
하지만 탈레반이 다시 밍고라에 나타나 학교를 파괴했어요.
자유를 외치는 사람들을 처형했고요.

하지만 말랄라는 용기를 잃지 않았어요.
열네 살이 된 말랄라는 파키스탄에서
이미 유명한 사람이 되었어요.

말랄라는 곳곳에 초대되어 여자아이의
권리를 위한 캠페인을 벌이는 데 도움을
많이 받았어요.
파키스탄 정부는 청소년 평화상을
주기도 했어요.

2011년이 끝나갈 무렵, 말랄라는 마침내 교육을 위한 재단을 세웠어요. 이 재단을 통해서 훨씬 많은 일을 할 수 있게 되었지요.

하지만 말랄라 엄마는 잠을 이루지 못했어요. 어떻게 잠을 자겠어요? 탈레반이 딸을 죽이겠다고 협박하는데요.

2012년 10월 9일 오후.
말랄라는 집에 가려고 학교 버스에 올라탔어요.
그런데 갑자기 버스가 멈춰 섰고,
한 남자가 버스에 올라 운전기사에게 물었어요.
"이거 쿠샬 학교 버스 맞지?"
또 다른 남자가 물었어요. "말랄라가 누구야?"

아무도 대답하지 않았지요.
하지만 친구들은 말랄라를 쳐다보지 않을 수 없었어요.
버스에서 부르카를 쓰지 않은 사람은 말랄라뿐이었는걸요.
남자는 권총을 꺼내서 말랄라를 쐈어요.
탕! 탕! 탕!

아이들은 비명을 질렀어요. 다친 아이들도 있었어요.
"말랄라! 말랄라! 말랄라 머리에서 피가 나!
이러다가 죽겠어!"

말랄라는 아무 소리도 들리지 않았어요.
자신의 몸이 일람 산으로 떠난 것 같았지요.
운전기사는 병원으로 버스를 몰았어요.

말랄라는 다행히 살아났어요.
충격적인 소식에 온 나라가 떠들썩했지요.
파키스탄 대통령과 많은 정치인, 이슬람교 지도자가 테러를 비난했어요.
탈레반은 자기들 짓이라고 크게 떠들어 댔지요.

말랄라의 상태는 자꾸 나빠졌어요.
말랄라 아빠는 딸 대신 아팠으면 하고 속상했지요..
결국 가족과 의사들은 말랄라를 영국 버밍엄 병원으로 보내기로 했어요.

그러자 전 세계 사람들이 파키스탄 소녀의 운명에 관심을 보였어요.
세계 곳곳에서 말랄라의 안부를 묻는 편지가 도착했지요.
파키스탄과 영국뿐 아니라 다른 나라에서도 편지와 선물이 도착했어요.

말랄라는 여러 번 수술을 받고 퇴원했어요.
그리고 버밍엄에 있는 학교를 다녔지요.
탈레반 조직은 말랄라의 입을 막지 못했어요.
말랄라는 회복하자마자 다시 일어나 교육 받을 권리를 위해 싸웠지요.

파키스탄에는 초등학교를 다니지 못한 아이가 500만 명도 넘어요.
대부분 여자아이들이지요. 말랄라는 화가 났어요.
아프가니스탄, 나이지리아, 이라크처럼 전쟁 중이어서
학교 교육은 뒷전인 나라에 사는 여자아이들에게도 관심을 가졌어요.

가난한 나라의 여자아이들이 학교에 가지 못하는 건
집에 남아 동생들을 돌보고, 음식을 준비하고, 청소를 하고,
우물에 가서 물을 길어 와야 하기 때문이에요.
남자아이들에게는 이런 일을 시키지 않아요.

또 여자는 아주 어릴 때 결혼해야 해요.
남자만 직업을 가져야 한다고 생각하는
사람들도 많아요.

열여섯 살이 되던 날, 말랄라는 국제연합 뉴욕 본부에서 연설을 했어요.
수백 명의 젊은이와 중요한 인사들 앞에서 말랄라는 긴장했어요.
떨지 않으려고 베나지르 부토 전 총리의
자녀들이 선물한 숄을 걸쳤지요.
부토는 2007년에 암살당한 파키스탄 총리예요.
말랄라는 세상을 향해 외칠 힘을 얻었어요.
"저는 모든 아이가 교육 받기를 원합니다.
탈레반의 아이들, 저에게 총을 쏜 남자의
아이들이라도 말입니다."
말랄라는 마틴 루터 킹, 넬슨 만델라, 간디 같은
위인들을 언급했어요. 큰 박수가 터져 나왔어요.
"우리는 빈곤, 무지, 부당함, 인종 차별, 기본권 박탈을
없애기 위해 전 세계에서 투쟁을 계속할 것입니다!"
이때 말랄라는 아마 엄마 생각이 많이 났을 거예요.
"옛날에는 여자가 자신의 권리를 주장하기 위해
남자에게 나서 달라고 부탁했습니다. 하지만 이제는 여자 스스로 나설 때입니다."
짧으면서도 강한 연설은 사람들의 마음에 희망을 심어 주었어요.
사람들은 감동의 눈물을 흘렸지요.
"한 명의 아이, 한 명의 선생님, 한 권의 책, 한 자루의 연필이 세상을 바꿀 수 있습니다."
이듬해에 말랄라는 노벨 평화상을 받았어요. 열일곱 살의 나이로 말랄라는 가장 어린 노벨 평화상 수상자가 되었지요.

아름다운 스와트 계곡에 무화과나무와 석류나무 꽃이 만발했어요.
하지만 주민들은 자유를 얻지 못했어요.
말랄라도 말랄라 가족도 스와트 계곡으로 돌아가지 못했지요.
그들은 지금도 살해 협박을 받고 있어요. 스와트 계곡에는 아직도 총이 곧 법이에요.
이슬람 과격주의자들과 군대도 두렵지만 탈레반을 겨냥한 미군의 드론 공격도 문제였어요.
죄 없는 시민까지 죽이니까요.
자신의 목소리가 중요해졌다는 걸 안 말랄라는
미국 대통령에게 파키스탄에서 드론 공격을 멈춰 달라고 부탁했어요.

말랄라는 사랑하는 스와트 계곡에 책과 공책이 넘치기를 꿈꿨어요.
'희망을 갖자. 변하지 않는 건 없으니까!'
그리고 웃음을 잃지 않았어요.
'엄마를 봐.'
말랄라의 엄마는 이제 막 글을 배우기 시작했어요.

노벨 평화상은 말랄라에게 날개를 달아 주었어요.
말랄라는 레바논에 있는 시리아 난민 캠프를 찾아가고,
나이지리아에 학교를 세우기 위해 노력했어요.

말랄라의 명성도 높아졌지요.
말랄라의 생일인 7월 12일, 전 세계 아이들은
국제연합이 정한 '말랄라의 날'을 기념해요.
아시아, 아프리카, 유럽, 아메리카, 오세아니아의 아이들이
그림을 그리고 노래를 부르며 춤을 춰요.
지구의 모든 아이가 학교에 갈 수 있기를!
글을 쓰고 셈을 할 수 있기를!
책을 읽는 행복을 누릴 수 있기를!
그리고 자유롭기를!

인물 탐구

말랄라 유사프자이
"배움은 기본권입니다."

"사랑하는 형제자매들이여, 우리는 어둠 속에서 빛의 소중함을 깨닫습니다. 우리가 침묵을 강요당할 때 비로소 목소리의 소중함을 깨닫습니다.

우리도 파키스탄 북부의 스와트 계곡에서 총을 보았을 때 책과 연필의 소중함을 깨달았습니다."

2013년 7월 12일 국제연합 뉴욕 본부에서 한 연설 중에서

© Oli Scarff / AFP

말랄라 유사프자이는 노벨 평화상을 받은 뒤, 기자들에게 "이 상을 목소리를 내지 못하는, 우리가 귀를 기울여야 할 모든 아이들에게 바칩니다."라고 말했어요.

말랄라와 파슈툰 족 그리고 파키스탄

여자아이에게도 교육 받을 권리가 있다고 말했을 때 말랄라의 나이는 고작 열두 살이었어요.

© Véronique de Viguerie / Getty images / AFP

주요 사건 일자

● **1997년 7월 12일**
말랄라 유사프자이가 파키스탄의 밍고라에서 태어났어요.

● **2009년 1월 3일~3월 12일**
초등학교를 세운 아빠의 응원 속에 말랄라는 '굴 마카이'라는 이름으로 영국 BBC 사이트에 블로그를 만들어서 우르드 어로 글을 올렸어요. '파키스탄 초등학생의 일기'라는 블로그에서 말랄라는 탈레반 조직의 폭력성을 고발했지요. 그때 말랄라는 고작 열두 살이었어요.

● **2009년 2월**
말랄라는 인터뷰를 하고 강연을 다니기 시작했어요.

● **2009년 5월**
말랄라는 영웅으로 알려졌어요. 사람들은 말랄라가 다니던 초등학교에 그녀의 이름을 붙여 줬어요.

● **2011년 12월 19일**
말랄라는 파키스탄 정부가 주는 청소년 평화상을 받았어요. 이 상은 그때부터 '말랄라 상'이라고 알려졌지요. 그러자 탈레반 조직은 말랄라를 가만두지 않기로 했어요.

● **2012년 10월 9일**
학교를 마치고 나오던 말랄라가 공격을 받았어요. 총알이 목과 머리를 뚫고 지나갔지요. 말랄라는 가까스로 살아났어요. 암살을 명령한 사람은 이슬람 과격파인 이슬람율법실행운동(TNSM)의 두목 파즐울라였어요.

● **2012년 10월 15일**
말랄라는 파키스탄에 있는 라왈핀디 군병원에서 영국 버밍엄 병원으로 옮겨졌어요.

● **2012년 12월 10일**
유네스코(국제연합 교육과학문화기구)와 파키스탄은 모든 여자아이가 교육을 받을 수 있도록 '말랄라 기금'을 마련했어요.

- **2013년 1월 3일**
퇴원했던 말랄라는 다시 수술을 받았어요.

- **2013년 1월 9일**
여자아이의 교육을 위해 힘쓴 공로를 인정받아서 여성의 자유를 위한 상인 '시몬 드 보부아르 상'을 받았어요.

- **2013년 7월 12일**
열여섯 살이 되는 생일날에 국제연합에서 교육에 관한 인상 깊은 연설을 했어요. 7월 12일은 '말랄라의 날'이 되었고요.

- **2013년 9월 17일**
아일랜드 더블린에 있는 국제사면위원회는 가장 권위 있는 상인 '양심 대사 상'을 말랄라에게 주었어요.

- **2013년 11월 20일**
말랄라는 유럽 의회가 자유 수호를 위해 싸운 사람에게 주는 '사하로프 상'을 주었어요.

- **2014년 10월 10일**
말랄라는 노벨 평화상을 받았어요.

말랄라의 나라, 파키스탄

요즘 말랄라는 영국에서 지내고 있어요. 고향에 돌아가면 죽임을 당할지도 모르기 때문이지요. 파키스탄은 인도 반도에 있는 이슬람 국가예요. 몇 십 년 동안 영국의 지배를 받았지요. 1947년 8월 14일에 무함마드 알리 진나가 세운 파키스탄은 건국 이후 이웃 나라인 인도, 아프가니스탄과 관계가 좋지 않았어요.
파키스탄의 인구는 1억 9000만 명이에요. 세계에서 인구가 여섯 번째로 많은 나라이지요.
파키스탄의 수도는 이슬라마바드이지만 가장 큰 도시는 카라치예요. 인구가 2000만 명이나 되지요.

공식 언어로는 우르드 어를 쓰지만 영어와 여러 부족이 쓰는 언어도 사용되어요. 말랄라가 살았던 지역에서는 파슈토 어를 쓰지요. 파키스탄의 주요 경제 활동은 농업이에요.
1990년대 말부터 북서부 지역의 주민들은 탈레반의 공격을 받았어요. 2004년에 파키스탄 정부군이 탈레반에 대한 군사적 보복을 시작했지요. 파키스탄이 이슬람 국가이기는 하지만 과격파인 탈레반을 지지하지는 않아요.
말랄라가 살았던 밍고라는 이슬라마바드의 북쪽에 있는 스와트 주에 있어요. 인구는 30만 명이고, 주민 대부분은 파슈툰 족이지요.

파슈툰 족

파슈툰 족은 아프가니스탄 인구의 대부분을 차지하는 민족이에요. 그러나 파슈툰 족이 가장 많이 사는 나라는 파키스탄이지요. 강한 자부심과 관대함을 중요하게 여기는 전통을 가지고 있어요.
파슈툰 족은 잘 잊어버리지도 않고 잘 용서하지도 않아요. 하지만 말랄라는 복수가 아니라 교육을 통해서 싸움을 해결할 수 있다고 믿었어요.
파슈툰 족은 원래 무리 지어 이동하며 살았지만, 지금은 많은 사람들이 한 곳에 정착해서 살아요. 아프가니스탄의 공용어인 파슈토 어를 사용해요. 종교는 이슬람교의 수니파를 믿어요.

여자아이의 교육

밍고라의 한 초등학교에서 파키스탄 여자아이들이 수업을 받고 있어요.

파키스탄 여자아이들의 비참한 상황

파키스탄 여성 대부분은 남성과 동등한 권리를 누리지 못해요. 성적 학대, 가정 폭력, 강제 결혼, 명예 살인 등 폭력에 희생되는 여성이 많지요. 머리부터 발끝까지 온몸을 가려야 하고, 외출을 하지 못하며, 가족이 아닌 남자를 만날 수 없다는 '푸르다(Purdah; 커튼)'라는 규칙을 지켜야 해요. 글을 읽고 쓸 줄 아는 여자아이는 전체의 26퍼센트도 되지 않아요. 파키스탄에 있는 16만 3000곳의 초등학교 중 여자아이를 받아주는 학교는 4만 곳밖에 없어요.

10세 미만의 여자아이 중 700만 명만 초등학교를 다니고(두 명 중 한 명 꼴), 300만 명만 고등학교에 가요. 대학에 가는 여학생은 50만 명밖에 되지 않지요. 북부의 가난한 농촌 지역에서는 상황이 더 심각해요.

세계의 교육

유네스코에 따르면, 4억 9300만 명의 여성이 문맹이에요. 전체 성인 여자 중 3분의 2가 글을 읽지도, 쓰지도 못해요.

전 세계적으로 학교에 다니지 못하는 아이는 5800만 명(네 명 중 한 명 꼴)이에요. 그중 2800만 명은 분쟁 지역에 살고 있고, 절반 이상이 여자아이예요.

유네스코는 2000년에 '모두(모든 아이)를 위한 교육'이라는 목표를 세웠어요. 하지만 15년이 지난 뒤에도 목표를 달성한 나라는 164개 가입국 중 3분의 1에 지나지 않아요. 성적이 가장 낮은 나라는 파키스탄, 예멘, 그리고 사하라 이남 아프리카 지역 국가들이에요. 하지만 11년 동안 내전을 겪은 시에라리온은 아동 노동을 줄이고 학교에 다니지 못한 아이의 수를 절반으로 줄이는 데 성공했어요.

2014년 4월에 이슬람 과격파 조직인 보코 하람은 나이지리아 북부의 치복에서 276명의 고등학교 여학생을 납치했어요. 말랄라는 탈출에 성공한 5명의 여학생을 직접 만나 응원하고 나머지 학생들이 풀려날 수 있도록 모든 조치가 취해지기를 요구했어요.

2014년 10월, 말랄라가 노벨 평화상을 받자 파키스탄 물탄의 이슬람 과격주의자들은 국제연합의 깃발을 태웠어요.

말랄라와 이슬람교

말랄라는 파슈툰 족을 비롯해서 많은 파키스탄 사람들처럼 무슬림이에요. 그러니까 말랄라의 종교는 이슬람교이지요.
이슬람교의 성전인 코란을 읽고 코란의 구절을 인용하기도 해요. 하지만 이슬람교의 율법을 강요하는 샤리아는 거부해요. 이슬람교라는 종교를 앞세워서 여성과 남성, 그리고 어린이의 자유를 빼앗는 사람들을 고발했지요.

말랄라는 "이것이 신의 뜻이다."라고 말하며 겁을 주는 사람들, '신성한 전쟁'인 지하드에 참여하는 사람들에게 반대해요. '그들이 코란을 읽었다면 살인을 저지르면 안 된다는 걸 알았을 거야.'라고 생각했지요.
말랄라는 학교에 가면 목숨을 빼앗겠다고 여자 아이들을 위협하는 사람들을 상대로 싸우고 있어요. 코란은 "지식을 구하고, 열심히 공부하며, 세상의 이치를 배워야 한다."라고 되어 있는데 말이지요. 여성에게 투표를 금지하고, 사람들에게 노래와 춤을 금지하고, 백신을 맞지 못하게 하고, 텔레비전을 보지 못하게 하는 사람들, 남자들에게 발목 위로 올라오도록 바지를 입으라고 강요하는 사람들, 저항의 목소리를 잠재우려고 살인을 저지르는 사람들에 맞서 싸워요.

말랄라를 공격했던 탈레반 조직은 그런 과격주의자들이에요. 그들은 지하드를 위한 훈련을 받을 때 그런 교육을 받아요.

열다섯 살밖에 되지 않은 말랄라가 탈레반에게 죽을 뻔한 2012년 10월, 파키스탄의 수도 이슬라마바드의 거리에서는 "탈레반은 부끄러운 줄 알라!"라고 외치며 여성들이 시위를 벌였어요.

말랄라의 영감의 원천, 인류라는 대가족

말랄라는 연설을 할 때 인류 역사상 가장 위대한 인물들을 이야기할 때가 많아요. 파슈툰 족의 위인들도 말랄라의 생각하는 방식과 행동하는 방식에 영향을 주었지요.

말랄라의 필명, 굴 마카이

굴 마카이는 파슈툰 족의 전래 동화에 나오는 여자 주인공이에요. 굴은 학교에서 무사 칸을 알게 되지요. 두 아이는 서로 사랑에 빠지지만, 같은 부족이 아니기 때문에 사랑할 수 없는 사이였어요. 두 아이의 관계는 두 부족의 큰 싸움으로 번졌어요.

굴 마카이는 코란에 전쟁이 나쁜 것이라고 되어 있다며 어른들을 설득했어요. 결국 두 부족은 화해했고, 두 연인은 함께 할 수 있었지요.

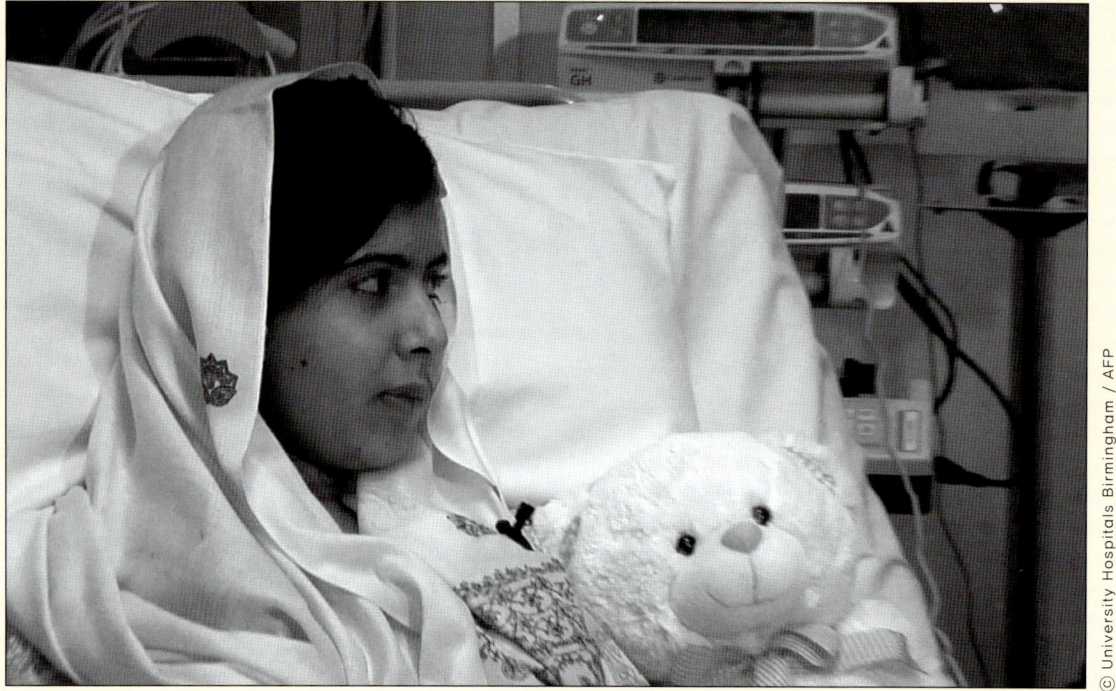

영국 버밍엄으로 이송되어 수술을 받은 말랄라는 전 세계 사람들의 지지와 사랑을 받았어요.

말랄라이

말랄라의 이름은 아프가니스탄(그러니까 파슈툰) 최고의 여전사인 말랄라이의 이름을 딴 것이에요. 말랄라이는 1880년에 영국군에 맞서 싸우는 아프가니스탄 군대를 지휘했어요. 양치기의 딸이었던 그녀는 영국군을 물리치기 위해 전쟁에 나간 아버지와 남자 친구를 따라 전장에 나가 부상병을 치료했어요. 아프가니스탄 군대가 영국군에 밀리다가 기수를 잃자, 말랄라이는 머리에 썼던 흰 베일을 벗어서 흔들며 맨 앞에 서서 걷기 시작했지요. 그녀가 총에 맞아 쓰러지는 모습을 본 군인들은 용기를 얻었어요. 말랄라이 덕분에 아프가니스탄 군대는 영국군에게 쓰라린 패배를 맛보게 했지요.

간디

모한다스 간디는 1869년에 인도에서 태어났어요. 인도가 영국의 식민 지배에서 벗어나 독립할 수 있도록 싸웠지요. 가난한 사람들을 돕고, 여성을 해방시키고, 불가촉천민(인도의 가장 낮은 계급)의 차별을 없애기 위한 운동을 벌이기도 했어요. 대규모 시민 불복종 운동을 벌이며 인간의 존엄성과 정의를 위한 비폭력 활동도 많이 했어요. 서로 다른 종교와 민족 공동체 간의 우정을 독려하기도 했고요. 간디는 많은 사람들이 참여하면서 결국 승리를 얻어낸 비폭력 운동의 상징이에요. 하지만 안타깝게도 1948년에 암살당하고 말았어요.

공격을 당하고 몇 달이 지난 뒤, 말랄라는 영국에서 고등학교 생활을 시작했어요.

말랄라의 가족이 버밍엄에 모두 모였어요.

넬슨 만델라

1918년에 남아프리카 공화국에서 태어난 넬슨 만델라는 1948년에 만들어진 인종차별법을 폐지하기 위해 평생 싸웠어요. 국민의 90퍼센트를 차지하는 흑인을 차별하는 정책인 아파르트헤이트를 없애기 위해 싸우다가 1964년에 종신형을 선고받았어요. 감옥에서 27년을 지낸 뒤, 1990년에 마침내 자유를 얻었어요. 만델라는 백인 대통령이었던 프레데리크 데 클레르크와 함께 아파르트헤이트를 없애고 모든 국민이 투표권을 갖도록 했어요.

만델라는 1994년에 남아프리카 공화국 최초의 흑인 대통령으로 당선되었어요. 그때부터 흑인과 백인을 화해시키고 경제 불평등과 가난을 없애기 위한 정책을 펼쳤지요. '무지개 나라'의 아버지로 칭송받던 만델라는 노벨 평화상을 받은 지 10년이 지난 2013년 12월 5일, 요하네스버그에서 세상을 떠났어요.

마틴 루터 킹

마틴 루터 킹은 1929년에 미국 남부의 애틀랜타에서 태어났어요. 남아프리카 공화국과 마찬가지로 미국 남부에서도 흑인은 백인과 섞여 지낼 수 없었어요. 학교, 식당, 버스 모두 흑인 따로, 백인 따로 구분되어 있었지요. 감리교 목사였던 마틴 루터 킹은 미국 흑인의 시민권을 위해 투쟁했어요. 목숨이 위험했지만 비폭력 저항 운동을 펼쳐서 인종차별법을 없애고 가난을 물리치려고 했어요. 그는 모두가 자유롭게 살 수 있는 세상, 정의가 살아 있는 세상을 꿈꾸었어요. 그의 노력이 많은 결실을 보았지만, 슬프게도 그는 노벨상을 받은 4년 뒤인 1968년에 암살당했어요.

노벨상 시상식이 열린 날의 노르웨이 오슬로예요. 아동 노동 금지를 위해 싸운 공로를 인정받아 노벨 평화상을 공동 수상한 인도의 투쟁가 카일라시 사티아르티와 함께 사람들의 환호를 받는 말랄라의 모습이에요.

말랄라의 말말말

"과격주의자들은 책과 연필을 두려워해요."

홍수로 이재민이 된 파키스탄 카라치의 아이들이 '말랄라의 날'을 축하하고 있어요.

"탈레반은 제게 쏜 총알로 우리 입을 막았다고 생각하겠지만 그렇지 않아요. 침묵 대신 아우성이 일어났지요. 그리고 저는 변함없는 말랄라입니다."

"교육은 우리의 기본권이에요. 서양에서만 그런 것이 아니에요. 이슬람교도 우리에게 그런 권리를 주었어요. 이슬람교는 여자아이와 남자아이 모두가 교육을 받아야 한다고 말해요."

"사람들은 다른 사람이 나서 주겠지 생각해요. 왜 다른 누군가가 나설 때까지 기다려야 하나요? 내가 먼저 한 걸음 앞으로 나아가야 하지 않을까요?"

"총으로는 테러리스트들을 없앨 수 있지만, 교육으로는 테러 자체를 없앨 수 있어요."

"남자 한 명이 모든 걸 파괴할 수 있다면, 여자아이 한 명도 모든 걸 바꿀 수 있어요."

말랄라는 열여덟 살이 된 생일에 레바논에 가서 시리아 난민 소녀들을 만났어요.
그곳에서 말랄라 기금으로 세운 학교 개교식 행사에 참석했지요.

말랄라에 관한 자료

책:
『나는 그냥 말랄라입니다』(2016)
『말랄라 유사프자이』(2016)
『말랄라의 일기』(2015)
『나는 말랄라』(2014)
『말랄라, 우리가 세상을 바꿀 수 있어요!』(2014)
『내 이름은 말랄라』(2014)

말랄라 기금:
www.malala.org
www.facebook.com/MalalaFund

BBC(www.bbc.com):
파키스탄 초등학생의 일기(말랄라가 2009년 1월에 BBC News에 '굴 마카이'라는 필명으로 작성한 블로그): http://bbc.in/1Svm5OB

국제연합(www.un.org):
2013년 7월 12일 국제연합 본부에서 모든 이를 위한 교육을 주제로 한 말랄라의 연설문(영어): http://bit.ly/2eOVf87

"중요한 것은 피부색이나 언어, 종교가 아니에요.
중요한 것은 사람들이 서로를 존중하고, 서로를 인간으로 대하는 것이에요."

"대화와 평화, 교육으로 전쟁을 없앨 수 있어요."

"말랄라의 날은 저를 위한 날이 아니에요. 이날은 자신의 권리를 위해
목소리를 높인 모든 여성과 아이들을 위한 날입니다."